22 ! v'là Boule & Bill !

PAR Roba

Mise en couleurs : Studio Leonardo

DARGAUD BENELUX

Rue Kindermans 3 - 1050 Bruxelles (Belgique)

MCMLXXXVIII

Dépôt légal D/1988/2377/339
ISBN 2-87129-048-2

Imp. en France en novembre 1988 par Ouest Impressions Oberthur - 35000 Rennes - N° 8795
Printed in France

SCOUT UN JOUR...

ET BIEN ! TU ES PROPRE QUAND TU REVIENS DE L'ÉCOLE !
BRAVO ! ET PAPA QUI T'ATTEND AU SALON POUR TE PRÉSENTER À SES AMIS !
IL N'Y A PAS DE BLGBBRMGBLLBMBL POUAÂRKBLBLBL SPRRPFFFF QUI TIENNE !
LES AMIS DE TON PÈRE SONT TOUS DES ANCIENS SCOUTS DE LA PATROUILLE DES CHAMOIS DONT LA DEVISE EST "TOUJOURS PLUS HAUT !" DONC... LA CRAVATE S'IMPOSE !
DÉSOLÉE.
979 A
VAS-Y... ENTRE !
BEN OUI, QUOI !... ILS NE VONT PAS TE MANGER !... D'AILLEURS LES CHAMOIS SONT HERBIVORES !
AH ! VOILÀ MON FILS !... VIENS, FISTON... VIENS DIRE BONJOUR À TOUT LE MONDE !
MES AMIS, VOICI MON FILS, BOULE... BOULE, JE TE PRÉSENTE MES VIEUX FRÈRES SCOUTS DE LA FIÈRE PATROUILLE DES CHAMOIS !... ET JE T'ASSURE QU'ILS N'ONT PAS CHANGÉ !
CHAMOIS TOUJOURS...
...PLUS HAUT !!
ALORS, DANS L'ORDRE ET DE GAUCHE À DROITE... REQUIN HONNÊTE, MARMOTTE ABSENTE, CHAMEAU DÉSHYDRATÉ, PINSON COMIQUE, MAQUEREAU ACCUEILLANT ET CANETON LAQUÉ.
RZZZ
ET AUSSI COCKER DÉSABUSÉ !
979 B
Roba

SHOW BZZZZZZ...

AÏE! IL Y A PLEIN D'ABEILLES, LÀ !... 'FAUT FAIRE ATTENTION DE NE PAS SE FAIRE PIQUER!
BZZZZZZZ
HOLÂ!
NON! NE FAIS PAS ÇA! LES ABEILLES NE PIQUENT QUE SI ELLES SE SENTENT AGRESSÉES!
BZZZZZ...
BZZZZZZZZ
OBSERVE-LES PLUTÔT CALMEMENT ET VOIS COMME LE MONDE DES ABEILLES EST FASCINANT, AVEC QUEL ART ELLES PRÉLÈVENT LE POLLEN DES FLEURS.
BZZZZZ
BZZZZZZZZ BZZZZ
SANS ABEILLES PAS DE POLLINISATION DONC PAS DE FRUITS ... HOP! LA VOILÀ PARTIE VERS LA RUCHE AVEC SA RÉCOLTE!
QUEL MÉTIER!
BZZZZZZ
ET TOUT ÇA POUR LA REINE-MÈRE!
980A
BEN, DIS... ÇA VOLE BIZARREMENT UNE ABEILLE!
DÉTROMPE-TOI, CE BALLET AÉRIEN QUE TU TROUVES BIZARRE EST EN RÉALITÉ UN LANGAGE...
BZZZZZ
...PAR LEQUEL, LA CHOSE EST PROUVÉE, LES ABEILLES COMMUNIQUENT AUX AUTRES À QUEL ENDROIT ET MÊME À QUELLE DISTANCE SE TROUVE UN CHAMP DE FLEURS PAR EXEMPLE. (1)
BZZZZ BZZZZ
QU'EST-CE QU'ELLE PEUT BIEN RACONTER CELLE-LÀ?
(1) AUTHENTIQUE.
ÇA, IL FAUT ÊTRE ABEILLE POUR LE COMPRENDRE... BILL? BILL! OÙ VAS-TU?
BZZZZZZ
MERCI, TU ES SYMPA!
Roba 980B 1987

MAIS...MAIS... C'EST DE LA SAUCISSE!
MAIS QU'EST-CE QUE...!?!
ÇA, C'EST GENTIL DE M'AIDER À RAMENER LE RESTE!
MAIS C'EST PAS VRAI JE RÊVE!
981 A
TIENS, TIENS, TIENS! IL EST À VOUS CE CHIEN ?!?
TENTATIVE DE RECORD DE LA PLUS LONGUE SAUCISSE DU MON
Roba
1987
981 B

LIONS
BONG
TOC
POK
BOM
SCHPLAF
982A
ZWZZOÏNG
BONG
TCHOUF
ZOO
ENTRÉE
MERCI LES COPAINS!
Roba
1987 982B

DO YOU SPEAK ENGLISH ?

DARLING, WHAT DAY SOMMES-NOUS TO DAY ?
?
BBMP
GAG 983
QUE DIS-TU LÀ ?
I ASK SIMPLEMENT WHAT DAY SOMMES-NOUS TODAY ?
ON EST VENDREDI, POURQUOI ? ET PUIS QU'EST CE QUI TE PREND DE PARLER ANGLAIS SUBITEMENT ?
BECAUSE THE DOG ON THE SIÈGE ARRIÈRE !
QU'EST-CE QUE LE CH... EXCUSE ME, THE DOG VIENT FAIRE INTO LÀ DEDANS ?
CHUUT !... SI JE SPEAK ENGLISH C'EST PARCE QUE THE DOG IL COMPREND EVERYTHING !
GAG 983
983 A
JE TE SPEAK ENGLISH POUR DIRE TO YOU QUE TODAY C'EST LE DAY DU BATH OF THE DOG !
?
AOW ! YES !... TODAY IS THE DAY OF THE DOGWASH ! C'EST LE DAY LE PLUS LONG ! TU VOIS QUE JE SPEAK AUSSI ENGLISH !
-YES, BUT À PARTIR DE NOW DONT SAY PLUS RIEN ! CHHUT !...
DITES, C'EST PAS POUR VOUS CONTRARIER, MAIS, À VOTRE AVIS, QUEL EST LE PAYS D'ORIGINE DU "COCKER" ?
L'ANGLETERRE... POURQU... !
DOUX JÉSUS !!
GRRRWAF !! (1)
GNAP !
WAÏE !
IL M'A MORDU EN ENGLISH L'ANIMAL !
TRRRIIIIIIIT
Roba 1987
(1) UN BAIN !?!... YOU ARE CRAZY IN YOUR TÊTES ?!?!
983 B

IDÉE LOULOU

JOUR DE FAÎTE.

T'AS PAS VU BILL?
ON A BEAU CRIER QUE SA PÂTÉE EST PRÊTE, PAS DE RÉPONSE! ÇA, C'EST INQUIÉTANT!
JE VAIS ALLER VOIR DANS LE QUARTIER.
PLUS TARD..
RIEN!...C'EST PAS POSSIBLE, IL LUI EST ARRIVÉ QUELQUE-CHOSE!
984 A
JE SAIS, IL LIT TROP DE BANDES DESSINÉES.
?!
1987 Roba
984 B
IDÉE: CLAUDE GUY LOUÏS

THAT IS THE QUESTION.

DIS, P'PA!! TU SAIS CE QUE L'INSTITUTEUR NOUS A DONNÉ COMME DEVOIR?
QUELQUE-CHOSE ME DIT QUE TU VAS ME LE DIRE!
OUI, MAIS, ATTENDS! TU NE CONNAIS PAS LE TITRE. L'INSTITUTEUR TROUVE TOUJOURS DES CHOUETTES TITRES POUR NOS DEVOIRS.
ÉCOUTE, TU VAS RIRE!... "J'IMAGINE DES QUESTIONS QUE JE VAIS POSER À MON PAPA"... ENSUITE, IL A AJOUTÉ, EN SOURIANT, QU'IL LUI FALLAIT LES RÉPONSES POUR DEMAIN MATIN!
VOILÀ. MOI J'AI TROUVÉ 6 QUESTIONS ET, COMME JE TE CONNAIS, JE SUIS SÛR QUE TU VAS Y RÉPONDRE LES DOIGTS DANS LE NEZ!...
1ère QUESTION: (a) POURQUOI LES MOUCHES MARCHENT AU PLAFOND? (b) SI NOUS AVIONS APPELÉ LE PLAFOND PLANCHER ET LE PLANCHER PLAFOND QUE CE SERAIT-IL PASSÉ?...
985A
...2ème QUESTION: SACHANT QUE LES AUSTRALIENS MARCHENT LA TÊTE EN BAS, LES MOUCHES AUSTRALIENNES MARCHENT-ELLES AU PLANCHER?
3ème QUESTION: POURQUOI, DANS UN ÉVIER QUI SE VIDE, L'EAU TOURNE TOUJOURS DANS LE MÊME SENS? 4ème QUESTION: EST-IL VRAI QU'EN AUSTRALIE (J'AIME BIEN L'AUSTRALIE) ELLE TOURNERAIT DANS LE SENS CONTRAIRE?
TAP TAP TAP
5ème QUESTION: SI UN COSMONAUTE, DANS SA CAPSULE SPATIALE, TIENT À LA MAIN UN SABLIER, COMMENT SE COMPORTE LE SABLE?
6ème QUESTION: SACHANT QUE L'HOMME DESCEND DU SINGE, ET SUPPOSANT UN HOMME PORTANT UN SINGE SUR SES ÉPAULES, L'ANIMAL PEUT-IL EN DESCENDRE?
TIT TUUT
ALLO!... JE VOUDRAIS ÊTRE EN COMMUNICATION SIMULTANÉE AVEC LE CAP KENNEDY, LA BASE DE BAÏKONOUR, LE SERVICE DES RENSEIGNEMENTS GÉNÉRAUX, S.O.S. PÈRES DE FAMILLE, LE MINISTRE DE L'ÉDUCATION NATIONALE, ET L'AMBASSADE D'AUSTRALIE... OUI, OUI, J'ATTENDS...
C'EST POUR TOI!
YES?
QUOI?
ALLO?
QUI DEMANDEZ-VOUS?
DA?
YEAH?
OUI?
Roba 1988
985B

À FOND.

986A
ET BIEN, FISTON, JE CROIS QU'ON A FINI. LE CAMION DE RAMASSAGE "SPÉCIAL FOND DE GRENIER" PEUT PASSER.
CHÉRI ! TU ES SÛR DE N'AVOIR RIEN OUBLIÉ ?
HEU... OUI.
REGARDE BIEN.
?
FRANCHEMENT, JE NE ...
LE PETIT A COMPRIS, LUI !
!
VANDALES !
Roba 1988
BILL
986B

PAPA, LES P'TITS BATEAUX.

WOUUUUU
OUIN!
TONG
WAOW?
ÇA VA, ÇA VA!
ÇA VA, ÇA VA!
!!
!!
987 A
J'VOIS QU'ON EST DANS LE MÊME BAIN, VOUS ET MOI!... C'EST ÇA, ÊTRE PÈRE DE FAMILLE!
ET DIRE QUE J'AI FAILLI M'ENGAGER DANS LA MARINE!
MON GAMIN, J'SAIS PAS COMMENT IL FAIT, LE VÔT' AUSSI SANS DOUTE, IL S'ARRANGE TOUJOURS POUR COINCER SON BATEAU SOUS LE JET D'EAU!... C'EST RECTA!
DITES... VÔT' BATEAU, CE SERAIT PAS UN MODÈLE RÉDUIT DU "TITANIC"?
BLUB, GLOUP...
OU BIEN UN SOUS-MARIN?
PAS EXACTEMENT.
Roba 1988
987 B

SERVICE DES URGENCES

BOULE!
OUI, P'PA?
TIENS, COURS VITE ME POSTER CET EXPRESS, C'EST TRÈS URGENT!
MAIS, P'PA, J'AI UN MATCH DE "FOOT"!... MES COPAINS M'ATTENDENT ET JE SUIS DÉJA EN RETARD!
"FOOT" OU PAS, CET ENVOI DOIT ARRIVER DEMAIN À LA PREMIÈRE HEURE!... ALORS TU ME LE POSTES ILLICO, VU ?!?
OUI, P'PA...
GRRMBLBLGRR!
988 A
BILL, JE T'AIME!... TU VEUX ME RENDRE UN TRÈS GRAND SERVICE?
CET ENVOI DOIT ARRIVER DEMAIN À LA PREMIÈRE HEURE!... ALORS TU ME LE POSTES ILLICO, VU ?!?
AH, MAIS, NON!!!... ÇA NE VA PAS!!... J'AI UN OS À ENTERRER, MOI! ÇA NE SOUFFRE AUCUN RETARD!
C'EST TOUJOURS LES MÊMES QUI SE FONT AVOIR!
EXPRESS
Roba 1988
988 B

LES JOURS ...

CE JOUR LÀ...
HÉ, LES GARS! VISEZ-MOI LE FACTEUR!
ALORS, BILL, ON EST ENTRÉ DANS LES P.T.T?!?
OUAH OUAÂH!
ÇA C'EST UN GENTIL TOUTOU À SON PAPA!
IL VA ÊTRE CONTENT LE MAÎ-MAÎTRE!
TU LUI CIRES AUSSI LES CHAUSSURES?
WOUUUU!
MAZETTE, V'LÀ LA GAZETTE!
TU AS RAISON DE COURIR, VIEUX!
LES NOUVELLES ARRIVERONT PLUS VITE!
WIF! WIF! WIF!
TU REMETS ÇA DEMAIN, BILL?
ON SERA LÀ, HISTOIRE DE RIGOLER!
989 A
VLAM!
Y EN A RAS L'BILL, RAS L'BILL, RAS L'BILL!!!
P'PA! VOILÀ TON JOURNAL!
DEUX JOURS SANS FRIANDISE!... DEUX! ET GARE POUR DEMAIN!
Roba 1988
989 B
D'APRÈS UNE IDÉE DE "CLAUDE-GUY-LOUIS"

... SE SUIVENT...
LE LENDEMAIN...
OUF! LES COPAINS NE SONT PAS LÀ!
SALUT FACTEUR!
ÇA VA COMME VOUS VOULEZ?
ON SE PAYE UNE TOURNÉE?
!!
AH, NON! PAS LES CHATS TOUT DE MÊME ?!!
?
?
?
GRRRR
?
?
?
990A
BEN, DIS-DONC! ON NOUS L'A CHANGÉ LE FACTEUR!
BRAVO, BILL!
ÇA T'AS UNE AUTRE ALLURE!
C'EST PLATINI AUX P.T.T.!
MA PAROLE, IL EST BIEN CAPABLE D'ARRIVER CHEZ LUI COMME ÇA!
POURQUOI PAS?
IL A UNE TRÈS BELLE TECHNIQUE!
P'PA! TU VAS TE METTRE EN BOULE MAIS, VOILÀ TON JOURNAL!
QUATRE JOURS! QUATRE!
Roba 1988
990B
D'APRÈS IDÉE CLAUDE-GUY-LOUIS.

... ET NE SE RESSEMBLENT...

LE SURLENDEMAIN...
PAUVRE. BILL! DEPUIS QU'IL DOIT RAMENER LE JOURNAL IL NE VIT PAS DES JOURS TRÈS GAIS!
PSST! BILL!
APRÈS LE COUP DU JOURNAL CHIFFONNÉ ET DU JOURNAL BALLON DE FOOT, JE PARIE QUE TU ES À COURT D'IDÉE POUR AUJOURD'HUI, PAS VRAI?
OH, OUI!
ET TES COPAINS VONT ENCORE SE MOQUER DE TOI ET TE TRAITER DE PORTE-JOURNAL! BON. PASSE-MOI ÇA.
CE SERA VITE FAIT.
DÉPÊCHE-TOI, JE LES SENS, LÀ, QUELQUE-PART!
991A
VOILÀ. MAINTENANT JE FILE À LA MAISON.
ALORS, LÀ, CHAPEAU! IL A RÉUSSI A SE FAIRE MUTER DANS LES POSTES AÉRIENNES!
ILS N'ONT QU'UNE DEVISE: LE COURRIER D'ABORD!
LES GARS, LAISSEZ PASSER UN HÉRO...
...DE L'AÉRO POSTALE!
P'PA! TON JOURNAL VA ATTERRIR. IL EST EN APPROCHE FINALE!
DIX JOURS! DIX!
Roba 1988
991B

D'APRÈS UNE IDÉE DE "CLAUDE-GUY-LOUIS."

... PAS! (PAS?)

ET LE 4ème JOUR...
C'EST CURIEUX ON N'A PAS ENCORE VU BILL AVEC SON JOURNAL AUJOURD'HUI!
C'EST VRAI,
ON S'ENNUIE!
NE VOIS-TU RIEN VENIR?
NON. JE NE VOIS QUE LES TROTTOIRS QUI TROTTOIENT ET LES PAVÉS QUI PAVOIENT!
HÉ! LES POSTES SONT PEUT-ÊTRE EN GRÈVE?
NON! CE MATIN, IL EST PASSÉ UN FACTEUR EN UNIFORME, LUI.
EN EFFET...
992A
BONJOUR!
AH, FACTEUR! SI VOUS SAVIEZ COMME JE SUIS CONTENTE DE VOUS VOIR!
FIGUREZ-VOUS QUE L'ACHEMINEMENT DU JOURNAL POSAIT DE SÉRIEUX PROBLÈMES QUI SERONT RÉSOLUS, ET C'EST UNE SURPRISE QUE JE FAIS À MON MARI, PAR UN ABONNEMENT POSTAL... DU MOINS, JE L'ESPÈRE!
LA POSTE, Y'A QUE ÇA!
CHÉRI!
VOILÀ TON JOURN...
VOUS AVEZ DE LA CHANCE, MON FER À REPASSER EST DE LA MARQUE "LIBELLULE" SUPER EXTRA LÉGER!
QUATRE JOURS! QUATRE!
TAP TAP TAP TAP
Roba 1988
992B

D'APRÈS UNE IDÉE DE "CLAUDE-GUY-LOUIS"

À PLEIN GAZON !

RRÂK POUT POUT POF
PAPA! TU TE RENDS COMPTE DE CE QUE TU VAS FAIRE ?!?
?
VRRRR
SAIS-TU QUE SOUS CE GAZON, QUE TU VAS SAUVAGEMENT TRANCHER, VIVENT DES COCCINELLES!... DES FOURMIS!... DES LOMBRICS!... DES PAPILLONS!...
ET DES OS!
ET DES SA-LADES!
VRRR
...DES OISILLONS!... DES TAUPES!... DES MULOTS!... DES MUSARAIGNES... DES CAMPAGNOLS!... C'EST TOUT PLEIN DE MONDE LÀ-DESSOUS!!
ET DES OS!
ET DES SALADES!
VRRR
993A
TU VAS COMMETTRE UN GIGANTESQUE MASSACRE!
OUIN! OUIN! OUIN!
VRRR
C'EST L'INSTITUTEUR QUI L'A DIT, ET IL A TOUJOURS RAISON!
VRRRROM
PLUS TARD...
...IL Y A, LÀ, LE PÈRE D'UN ÉLÈVE AVEC UN CADEAU POUR VOUS... IL DÉSIRERAIT VOUS EXPLIQUER CE QUE VOUS DEVRIEZ EN FAIRE...
ET, PIÈCE PAR PIÈCE, CE SERA TELLEMENT PLUS AMUSANT!
CLASSE A
Roba 1988
993B

HOMMES DES BOIS.

P'PA! REGARDE... IL Y A UNE CORDE AUTOUR DE CE TRONC D'ARBRE!
HÉ, OUI... SANS DOUTE ENCORE UN DE CES LÂCHES CRIMINELS QUI AURA ABANDONNÉ ET LIGOTÉ SON CHIEN À CET ARBRE... LE PAUVRE ANIMAL A ROMPU SES LIENS EN SE DÉBATTANT!
IL A PEUT-ÊTRE TROUVÉ UNE AUTRE MAISON!
ESPÉRONS-LE POUR LUI... MAIS À PROPOS, OÙ EST BILL?
BILL?
IL Y A TROIS MINUTES IL ÉTAIT ENCORE PRÈS DE NOUS!...
BILL?
994A
BILL!
BILL?
BILL?
BILL??? SAPRISTI! OÙ A-T'IL BIEN PU ALLER?
ÉCOUTE... LE SOIR TOMBE... LE MIEUX, C'EST DE RESTER, ICI... T'EN FAIS PAS, VA! BILL, QUI N'EST PAS BÊTE, SAIT QUE NOUS SOMMES ICI... C'EST LUI QUI NOUS RETROUVERA.
BILL!
NE ME DIS PAS QUE TU LES AS ABANDONNÉS EN FORÊT ?!?
Roba 1988
994B

B'JOUR, P'PA !
HOLÂ! DOUC... DOUCEMENT, LES ENFANTS!
WAF!
C'EST QUOI, P'PA? C'EST UN CADEAU, DIS?
MAIS! VAS-TU FINIR?!
ÇA SE MANGE?
C'EST POUR MOI, DIS? C'EST POUR MOI, P'PA?
ARRÊTE, JE TE DIS!! NON, CE N'EST PAS POUR TOI!
C'EST QUOI, ALORS, DIS? C'EST QUOI P'PA?
TU M'ENERVES À LA FIN! BON. JE VAIS TE MONTRER ...
... MAIS AT-TEN-TION! ...
995 A
...CECI EST UNE DES PLUS BELLES PIÈCES DE LA COLLECTION PERSONNELLE D'UN DE NOS PLUS GROS CLIENTS. ELLE DOIT SERVIR À UNE CAMPAGNE PUBLICITAIRE... JE SUIS CHARGÉ DE LA PORTER CHEZ LE PHOTOGRAPHE À MES RISQUES ET PÉRILS!
REGARDE, C'EST UN JEU D'ÉCHECS CHINOIS AYANT APPARTENU AU PREMIER EMPEREUR DIT "LE TIGRE DE QIN" 221 AVANT J.C. !... IL AURAIT FAIT TAILLER CES FIGURINES DANS LES OS DE SON CHEVAL FAVORI!...
COMME C'EST INTÉRESSANT!
À TABLE!
... DONC... PAS TOUCHE! C'EST I-NES-TI-MA-BLE!
UN RIEN PLUS TARD...
RÂÂÂH!!... LE JEU D'ÉCHECS DU TIGRE DE QIN 221 AVANT J.C. A DISPARU!!!... J'AI PLUS QU'À ME FAIRE HARA-KIRI!
ÉCHEC ET MOTTE!
Roba 1988
995 B

BONJOUR !

B'JOUR M'SIEUR L'AGENT !
SALUT, GAMIN !
GRR!
B'JOUR, M'SIEUR L'CURÉ !
BONJOUR MON ENFANT !
GRR!
B'JOUR MADAME LA VOISINE !
'JOUR !
GRR!
B'JOUR, M'SIEUR L'INSTITUTEUR !
BONJOUR BONHOMME !
GRR!
996A
B'JOUR M'SIEUR LE FACTEUR !
BONJOUR PETIT !
GRR!
DIS DONC, BILL, TU POURRAIS QUAND MÊME ÊTRE PLUS POLI AVEC LES GENS !
B'JOUR M'SIEUR LE ...
...BOUCHER !
J'AI JAMAIS VU UN CHIEN AUSSI AFFECTUEUX !
MIOM
SLURP
SMACK
Roba 1988
996B

AUX JOUES, FEU !

PFFF !
J'AI BEAU M'ESSOUFLER...
ÉCOUTE, EN S'Y METTANT À DEUX PEUT-ÊTRE QUE...
TU VOIS LA PETITE BRAISE, LÀ ?... JE COMPTE JUSQU'À TROIS, À TROIS TU SOUFFLERAS EN MÊME TEMPS QUE MOI ! 'TENTION... 1... 2...
997A
...3 !
WFFFFFFFFFF
RIEN À FAIRE !... TROP VERT SANS DOUTE !
ZWOOUF
'SUFFIT D'AVOIR LA TECHNIQUE !
Roba 1988
997 B

MYCOMIQUE

P'PA !
IL Y A UN DRÔLE DE TRUC DANS LA PELOUSE !
C'EST TOUT BLANC... C'EST TOUT ROND...
ET ÇA VOLE !
... ET C'EST TOUT COMIQUE ! REGARDE !
C'EST QUOI, P'PA ?
ET BIEN, FILS, SI TU VEUX MON AVIS, ET QUOIQUE JE NE SOIS PAS UN ÉMINENT MYCOLOGUE ...
998A
... JE PUIS T'AFFIRMER QU'IL S'AGIT TOUT SIMPLEMENT D'UN NOUVEAU NÉ CHAMPIGNON VENU AU MONDE CETTE NUIT.
MAINTENANT, EST-CE UN AGARIC DES PRÉS, UN COPRIN CHEVELU, OU UN LYCOPERDON, COMMUNÉMENT APPELÉ "VESSE DE LOUP ? JE NE SAIS... MAIS QUOI QU'IL EN SOIT...
... IL FAUT LE PROTÉGER DE BILL, L'ATTILA DES JARDINS, SINON CE PAUVRE PETIT N'ATTEINDRA JAMAIS SA MAJORITÉ !
PLUS TARD...
C'EST TRÈS GENTIL DE METTRE MON OS À L'ABRI, MAIS COMMENT VAIS-JE LE RONGER ?!?!
Roba 1988
998B

ON VA DEMANDER À PAPA.
DIS PAPA!
TU AS TA MONTRE?
IL EST EXACTEMENT 16 H 43'!
999 A
C'EST PAS POUR SAVOIR L'HEURE! C'EST POUR QUE TU CHRONOMÈTRES LE TEMPS QUE MET BILL À FAIRE LE TOUR DE LA MAISON!
TU VEUX BIEN P'PA?
BON, D'ACCORD... 'TENTION!... À VOS MARQUES... PRÊT?... PAR...
...TEZ!
WOOUF
AAAAH!
BLAM
LA TROTTEUSE DE LA SUPERBE MONTRE CASSÉE DE MON PAPA S'EST ARRÊTÉE À 10 SECONDES PILE!
RECORD BATTU!
Roba 1988
999 B

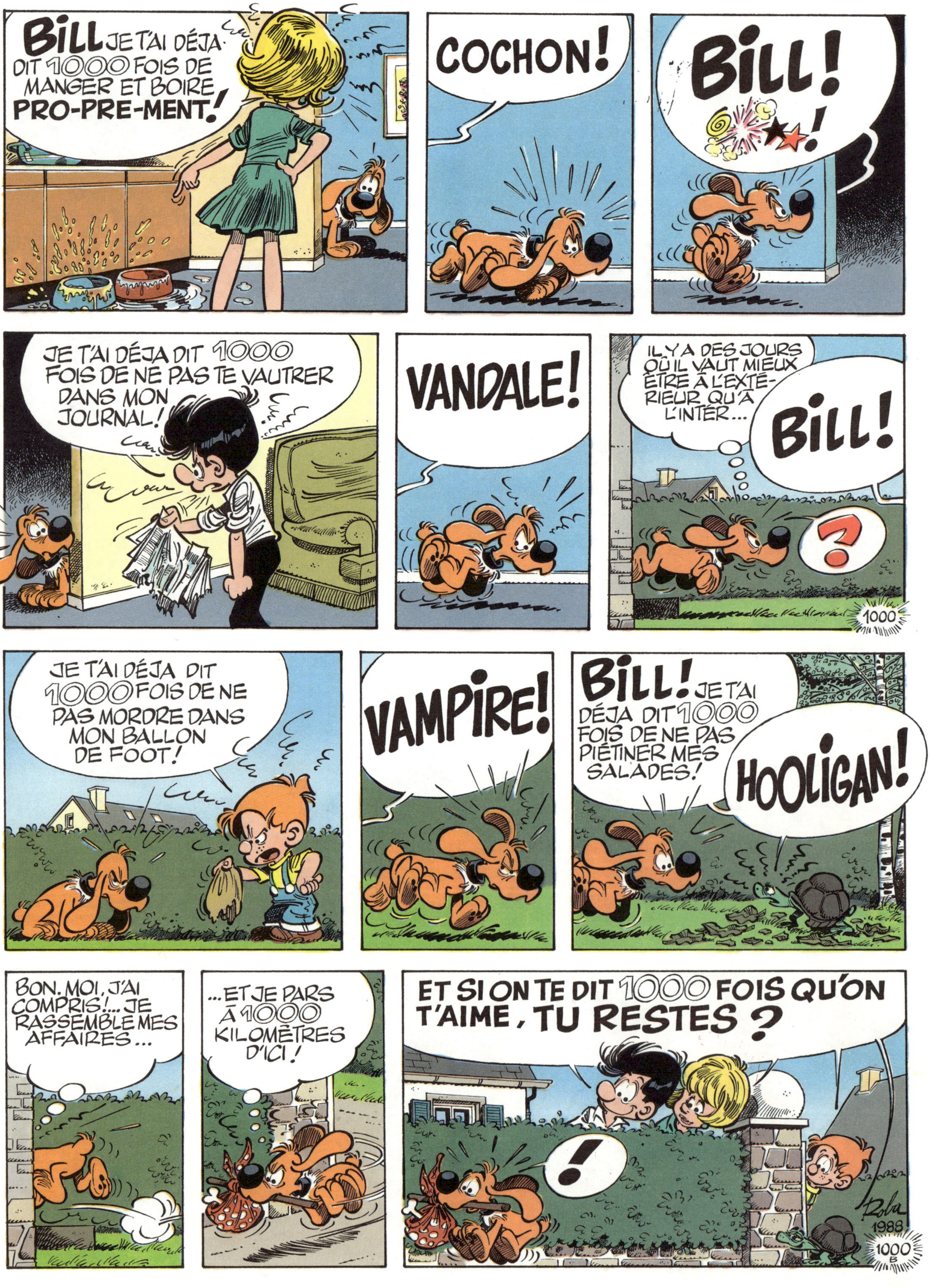
BILL JE T'AI DÉJA DIT 1000 FOIS DE MANGER ET BOIRE PRO-PRE-MENT!
COCHON!
BILL!
JE T'AI DÉJA DIT 1000 FOIS DE NE PAS TE VAUTRER DANS MON JOURNAL!
VANDALE!
IL Y A DES JOURS OÙ IL VAUT MIEUX ÊTRE À L'EXTÉRIEUR QU'À L'INTÉR...
BILL!
?
1000
JE T'AI DÉJA DIT 1000 FOIS DE NE PAS MORDRE DANS MON BALLON DE FOOT!
VAMPIRE!
BILL! JE T'AI DÉJA DIT 1000 FOIS DE NE PAS PIÉTINER MES SALADES!
HOOLIGAN!
BON. MOI, J'AI COMPRIS!... JE RASSEMBLE MES AFFAIRES...
...ET JE PARS À 1000 KILOMÈTRES D'ICI!
ET SI ON TE DIT 1000 FOIS QU'ON T'AIME, TU RESTES?
!
Roba 1988
1000 B

CANOË-KAÏ! KAÏ YAK!

HOP! HOP!
VAS-Y!
ENCORE UN EFFORT!
PLUS VITE! PLUS VITE!
AÏEAÏE AÏE!
HOP! HOP! HOP!
1001 A
VAS-Y-VAS-Y-VAS-Y!
IL VA GAGNER!
ÇA Y EST!
OUAAIS!
IL A GAGNÉ!
FLOUFLOUFLOUFLOUFLOUFLOUFLOUFLOUFLOUF
Roba 1988
1001 B

IDÉE : CLAUDE-GUY-LOUIS.

ATTENTION, PEINTURE ANCIENNE !

1002 A
1002 B
ON FERME !
MUSE
TRÈS INTÉRESSANTE CETTE EXPOSITION : "LE CHIEN DANS LA PEINTURE", NON ?
AH, OUI, TRÈS, VRAIMENT !
TRÈS, TRÈS, TRÈS !
INTERDIT AUX CHIENS
Roba 1988 1002 C

IDÉE : CLAUDE-GUY-LOUIS.

DARGUEZ LA M... NOMMAIE, MON B... RAVE !
TAXI
GHX 258
HOULALÂ !... LA PEZTE ZOIT DE CES ZOIRÉES D'ANZIENS !
OUF ! JUZQU'IZI, ZA VA !... ZURTOUT NE RÉVEILLER PERZONNE !
REZOIGNONS NOTRE CHH... CHAMBRE AVEC LA PRUDENZE DU ZIOUX !
1003A
!
W...
...AFFFF...
ZCHHT !
DU CALME... T'ES MON N'AMI, NON ?... DIS-MOI TRÈS DOUZEMENT À L'OREILLE... MON HALEINE ...
?
...SENT-ELLE LE WH...
WAOOOUU
BRAVO ! TU AS VU L'HEURE ?
BANG !
'JOUR P'PA !... TU TE LÈVES TÔT, DIS, DONC !
Roba 1988
1003B

GOLF STREAM

ZWOUF
ZWOUF
1004A
ZWOUF
ZWOUF
1988
ZWOUF
P
ROYAL
GOLF
CLUB
1004 B

MORT AUX TROUSSES.

KAÏ! KAÏ!
KAÏ!
M'MAN! P'PA! BILL S'EST BLESSÉ!
CE N'EST QU'UNE ÉPINE... VA CHERCHER LA TROUSSE DE SECOURS.
CE N'EST QU'UNE ÉPINE... MAIS C'EST DANS UNE PATTE À MOI!
ALORS, ELLE VIENT CETTE TROUSSE?
COMME SECOURS D'URGENCE ON FAIT MIEUX!
MAIS QU'EST-CE QU'IL FABRIQUE? AH, LES HOMMES! ÇA NE TROUVE JAMAIS RIEN!
PATIENCE, ILS VONT APPORTER LA TROUSSE ET TOUT SERA FINI.
MOI, JE SERAI FINI, OUI!
1005 A
ALORS QUOI, CETTE TROUSSE?... ILS LA TROUVENT À LA FIN?
MA FIN EST PROCHE!
AH, LES PARENTS! À UN CERTAIN ÂGE ILS ONT BESOIN QU'ON LES AIDE!
ET MOI ALORS?
PRENDS UN MARTEAU OU UNE SCIE!
MOI, JE PROPOSE LA PINCE OU LA TENAILLE!
ET LE CHALUMEAU?
PEUT-ÊTRE UNE FOREUSE?
ESSAYONS LE PIED DE BICHE!
J'AI ENFIN RÉUSSI À OUVRIR CETTE SATANÉE TROUSSE!
PAUVRE BILL!... MAIS OÙ EST-IL?
BILL?
OUF! MERCI, COLOMBO, TU ES UN FRÈRE!
BILL?
BILL?
Roba 1988
1005 B

D'APRÈS UNE IDÉE DE CLAUDE-GUY-LOUIS-

ENTRE-COTES.

VOYONS UN PEU CE BULLETIN SCOLAIRE.
ORTHOGRAPHE : 2/20 ! ÇA COMMENCE BIEN !
ARITHMÉTIQUE : 3/20 !! BRAVO !!
GÉOGRAPHIE : 0/20 ! ENCORE MIEUX !
1006 A
HA ! 20/20 EN GYMNASTIQUE !
LES SINGES AUSSI ONT 20/20 EN GYM-
NASTIQUE !
GYMNASTIQUE N.F. ART D'EXERCER, DE FOR-
TIFIER ET DE DÉVELOPPER LE CORPS PAR UN
CERTAIN NOMBRE D'EXERCICES PHYSIQUES. ||
ENSEMBLE D'EXERCICES PROPRES À ASSOU-
PLIR DES FACULTÉS INTELLECTUELLES : GYM-
NASTIQUE INTELLECTUELLE. GYMNASTIQUE
CORRECTIVE, CELLE QUI A POUR OBJET
LE REDRES- SEMENT DE LA COLON-
NE VERTÉBRALE, AINSI
QUE LE TRAITEMENT
DE...
... CERTAINES ANOMALIES MUSCULAIRES ET MAL-
FORMATIONS. || GYMNASTIQUE RYTHMIQUE, OU
RYTHMIQUE N.F., MÉTHODE D'ÉDUCATION MU-
SICALE, MUSCULAIRE ET RESPIRATOIRE,
CRÉÉE PAR E. JACQUES-DALCROZE ET AYANT
POUR OBJET L'HARMONISATION DES MOUVE-
MENTS DU CORPS. || PAS (DE) GYM-
NASTIQUE, PAS
DE COURSE
CADENCÉ !
C'EST MON FI-FILS À MOI !
1988
1006 B

POLLU(SOLU)TION

C'EST TOUT DE MÊME BEAU LA MONTAGNE!
GRANDIOSE!
1007A
MALHEUREUSEMENT IL Y EN A QUI NE RESPECTENT RIEN... REGARDE!
ON VA POURTANT S'Y ARRÊTER POUR CASSER LA CROÛTE.
1007A
PLUS TARD...
AVANT DE REPRENDRE LA ROUTE, DEMANDE À BILL CE QUE JE T'AI DEMANDÉ DE LUI DEMANDER!
PAPA ME DEMANDE DE TE DEMANDER DE... BZZ... BZZZ... TOI, QUI ES UN SPÉCIALISTE...
C'EST NOTRE GENTIL BILL, ÇA!
FACILE, UN JEU DE CHIOT POUR MOI!
1007A
ÇA SUFFIT BILL. TU AS TOUT BIEN ENTERRÉ! C'EST PARFAIT. VIENS, NOUS PARTONS!
DARLING, CETTE FOIS-CI TÂCHE DE NE PAS RATER LA PHOTO, QU'ON PUISSE AU MOINS RAMENER UN SOUVENIR!
P
N.Y.007.
Roba 1988
1007B

D'APRÈS UNE IDÉE DE CLAUDE-GUY LOUIS

"PRO"VOCATION.

ADMIRE BIEN CET ARTISTE, BILL...
VOUS N'AUREZ PAS L'ALSACE ET LA LORRAINE...
...LONDON BY NIGHT IS A WONDERFUL SIGHT...
...UNDER THE SKY OF TEXAS...
IL EST FORT!
1008A
NUITS DE CHINE, NUITS CÂLINES, NUITS D'AMOUUUR...
YAH MUSTAFA YAH MUUSTAAFA...
LOREX À 200 CARATS
IL EST TRÈS FORT!
IL EST VRAIMENT TRÈS, TRÈS FORT!
JULIEN!
SNAP!
CHEZ MON AGENT DE CHANGE, JULIEN, ET AU TROT!
C'EST ÇA QUE JE VEUX FAIRE QUAND JE SERAI GRAND!
Roba 1988
1008B

AQUA BONDS!

S.O.S!
DIEU DES COCKERS, FAITES QUE J'ATTEIGNE CE TRONC!!
OH, NON!
GOOD BYE! FAREWELL!
1009 A
GARGL
GLUP
GLOP
GLOUP
BILL?
BILL!
À MOI!
REVEILLE-TOI, PARESSEUX, C'EST L'HEURE DE TON BAIN!
DZING
KAÏÏÏÏÏÏ!
Roba
1009 B.

D'APRÈS UNE IDÉE DE CLAUDE-GUY-LOUIS.

CHOCOZOO
VEUX-TU BIEN FICHER LE CAMP, CABOT!
QU'Y-A-T-IL IGNACE?
Y-A QUE CE CHIEN, LÀ, REGARDE NOS CHOCOLATS D'UN OEIL QUI NE ME DIT RIEN DE BON!
DING GELING
ALORS, MON PETIT, TU AS FAIT TON CHOIX?
NON.
UN RHINOCÉROS?
NON.
UN ZÈBRE?
NON.
OU BIEN UN HIPPOPOTAME?... UN LION?... UN DROMADAIRE?... UN CERCOPITHÈQUE?... UN ORNITHORINQUE?...
BEN NON!...
'Y-A PAS CE QUE JE VOUDRAIS.
'R'VOIR M'SIEUR!
1010A
ALLONS, IGNACE... UN PEU DE TENUE!
MAIS QU'EST CE QU'ILS ONT TOUS... ÇA FAIT BIEN LE QUINZIÈME QUI NE TROUVE PAS CE QU'IL CHERCHE!...
JOUR M'SIEUR!
...ALORS QUE J'AI, ICI, TOUTE L'ARCHE DE NOÉ...
BONJOUR JEUNE FILLE...
TU VEUX UN PETIT ANIMAL?
HEIN?
BEN...
UN GNOU?... UNE GIRAFE?... UN PETIT LAPIN?... UNE GAZELLE?... UN TAPIR? ...UN CASTOR?... UNE CIGOGNE?... UN FLAMANT ROSE?...
Y A PAS CE QUE JE CHERCHE!
MAIS, NOM D'UNE PIPE! QU'EST-CE QUE VOUS NE TROUVEZ PAS À LA FIN?
VENEZ VOIR M'SIEUR!
C'EST UN COMME ÇA QU'ON VEUT...
Roba 1988
1010 B

D'APRÈS UNE IDÉE DE CLAUDE-GUY-LOUIS.

PÈRE AMPÈRE.

STOP! TOUT LE MONDE DESCEND!
?
VOUS VOYEZ CE QUE JE VOIS ?
OÙ ÇA?
LÀ BAS, DANS LA PRAIRIE !
QUOI DANS LA PRAIRIE?
MAIS DES CHAMPIGNONS, TIENS!... DES AGARICS DES PRÉS!
ALLEZ ME CHERCHER UN SAC DANS LA VOITURE!
MES ENFANTS, IL Y A, LÀ, DE QUOI FAIRE UN DE CES PLATS!... MIAM! MIAM!
1011 B
CHÉRI, EST-CE BIEN PRUDENT?... IL Y A UNE CLÔTURE.
ET ALORS?
CHÉRI! REGARDE BILL!
QUOI, BILL?
BILL FREINE PILE..., P'PA!
ET ALORS?
ALORS, IL FAIT SIGNE QU'IL Y A DANGER... REVIENS, P'PA!
MAIS, IL N'Y A AUCUN DANGER VOYOOOOOOOOOONS
ET ALORS?
DZZZZZZZ
ENCORE UN QUI S'EST FAIT AVOIR!
AVEC LES GENS DE LA VILLE, C'EST COURANT!
Roba 1988
1011 B

PFFOUU! Y EN A DES ÉTOILES!
AH, ÇA! POUR EN AVOIR, IL Y EN A!... TU VOIS, LÀ... C'EST LA GRANDE OURSE ET LA PETITE OURSE... ET AU BOUT C'EST L'ÉTOILE POLAIRE.
ET CELLE QUI BRILLE TRÈS FORT, LÀ, C'EST VÉNUS!
1012A
OH! UNE ÉTOILE FILANTE!... FAIS UN VOEU BILL!
C'EST FAIT!
!
!
Roba 1988
1012B

VIEUX JOUETS ET VIEUX TISONS SE RALLUMENT EN TOUTES SAISONS

BOULE ! VIENS VOIR CETTE MERVEILLE ! J'IGNORAIS QUE NOUS L'AVIONS ENCORE.
C'EST UN HOULA-HOOP ?
MAIS NON ! C'EST LE CERCEAU DE TON GRAND-PÈRE ! UNE VRAIE RELIQUE !... ET INTACTE !
ON PEUT Y LIRE : ETS. ROLLEKE-BOLLE-BRUXELLES-PARIS-LONDRES-BERLIN-1935. C'ÉTAIT LA "ROLLS" DES CERCEAUX ALORS... MAIS, J'Y SONGE...
...IL DOIT EXISTER, DANS UNE BOÎTE, DE VIEILLES PHOTOS OÙ ON LE VOIT DANS SON JOLI COSTUME MARIN...
SMART
...GAMBADANT, AVEC SON CERCEAU...
SMART
...FACÉTIEUX...
SMAR
1013 A
...PRIMESAUTIER...
MART
...TOUTE UNE AUTRE ÉPOQUE !... OÙ LE BONHEUR D'UN ENFANT VENAIT D'UN SIMPLE CERCEAU DE BOIS !
JE TE LE CONFIE... PRENDS EN BIEN SOIN, ET IL TE PROCURERA DE NOMBREUX MOMENTS DE JOIE.
PLUS TARD...
ALORS FISTON ?... TU T'AMUSES BIEN AVEC LE CERC...
!
C'EST GÉNIAL P'PA !
Roba 1988
1013 B

FAUT ÊTRE TORDUS POUR FAIRE LES COURSES PAR UN TEMPS PAREIL !
BEN, VOYONS !... ET QUI C'EST QUI VA ME DEMANDER TOUT-À-L'HEURE QU'EST-CE QU'ON MANGE ?
DÉPÊCHE TOI, CHOU !
OUAIS ! OUAIS ! Y'A PAS LE FEU, QUOI !
D'AILLEURS, AVEC LE TEMPS QU'IL FAIT !
TU LE FAIS EXPRES, DIS ?
MAIS NON !!... JE NE PARVIENS PAS À OUVRIR CETTE PORTE !
C'EST POURTANT LA BONNE CLÉ !
AVEC TOI C'EST TOUJOURS LA MAUVAISE CLÉ !
J'DOIS FAIRE PIPI !
1014 A
AH, NON ! TU NE VAS PAS T-Y METTRE AUSSI ! TU NE TROUVES PAS QU'IL PLEUT BIEN ASSEZ COMME ÇA ?!?
LA PLUIE PEUT AVOIR UNE INCIDENCE SUR LA VESSIE DU PETIT !
ALORS, C'EST POUR DEMAIN ?!
!! RIEN À FAIRE ! CETTE PORTE DOIT ÊTRE BLOQUÉE DE L'INTÉRIEUR !
J'AI FAIT PIPI !
BILL EST À L'INTÉRIEUR ! QUESTION : UN COCKER NORMALEMENT CONSTITUÉ PEUT-IL FERMER UN VERROU ?
OUI.
VOIS-TU, CAROLINE, J'AI TOUJOURS RÊVÉ D'AVOIR UNE SOIRÉE TRANQUILLE, TOI ET MOI, SEULS DANS LA MAISON !
Roba 1988
1014 B

FEU ROUGE.

BOUGE PAS HÉ ! 'FAUT QUE J'EN METTE BIEN PARTOUT, DU ROUGE !
ET TROIS BONNES DOSES DE PARFUM, PAAARFAIT.
PFFF
PFFF
PFFF
HA ?... JE CROIS QUE VOILÀ PAPA...
MOI, JE ME TIRE !... TU SAIS CE QU'IL TE RESTE À FAIRE !
1015A
OUI OUI... BONJOUR MON CHIEN !
SCHMOCK !
SCHMACK !
SLURP !
BONJOUR CHÉRIE... DÉSOLÉ, JE SUIS UN PEU EN RETARD MAIS...
DIS DONC, TOI !... VIENS VOIR ICI !
AH, BRAVO ! C'EST ÇA TON RETARD !... ET NON SEULEMENT ELLE UTILISE LE MÊME ROUGE À LÈVRES, MAIS AUSSI LE MÊME PARFUM QUE MOI !!!
?
NOUS N'AVONS PLUS RIEN À NOUS DIRE !
VLAM !
'FAUDRA QU'ON M'EXPLIQUE !
Roba 1988
1015B

TOP HORAIRE, TOP HORREUR !

SALUT, VOISIN ... SERVICE À DEMANDER... GARDER CAPORAL, MON CHAT, PENDANT 2 HEURES... DOIT ME RENDRE À UNE RÉUNION VEUVES MILITAIRES, REÇU ?
BEN... HEU, OUI, BIEN-SÛR, VOI-SINE.
!
COMPTE SUR VOUS, POUR CONFORT ANIMAL !... 'AI APPORTÉ GAMELLE ET COUCHAGE... SURVEILLEZ RAPPORT À VOTRE CHIEN, VU ?
NE CRAIGNEZ RIEN, Mme STICK, VOUS POUVEZ ME LE CON-FIER... ET PUIS, ENTRE VOISINS !
ET BIEN ÇA C'EST LA MEILLEURE !
SERAI DE RETOUR DANS 2 HEURES, HEURE MILITAIRE !... LA PLUS JUSTE !... AYEZ L'OEIL SUR VOTRE CABOT !... RAPPORT DANS 2 HEURES !... SALUT VOISIN !
KSSSSS
GRRR
ICI, TU SERAS TRÈS BIEN. SOIS BIEN TRANQUILLE ET TU VERRAS QU'IL NE T'ARRIVERA RIEN !
COMPTE SUR MOI !
1016 A
QUANT À TOI, MON AMI, PAS DE RACISME HEIN ?! TOUCHE À UN POIL DE CE SIAMOIS ET ÇA VA ÊTRE TA FÊTE !! APRÈS TOUT IL NE S'AGIT QUE DE 120 MINUTES !
D'ACCORD, MAIS ÇA VA ÊTRE DUR, TRÈS DUR !
ET 122 MINUTES PLUS TARD...
VOISIN ! Z'AURIEZ RAISON DE M'EN VOULOIR !... SUIS EN RETARD DE 2 MINUTES !
MAIS VOUS ÊTES PARFAI-TEMENT À L'HEURE Mme STICK !
DISCUTEZ PAS ! 2 MINUTES DE RETARD, C'EST 2 MINUTES DE TROP !
2 MINUTES !!
IL N'Y A PAS DE MAL VOYONS ! TOUT C'EST TRÈS BIEN PASSÉ ET JE DOIS FÉLICITER MON CHIEN QUI...
!
Roba
1016 B

D'APRÈS UNE IDÉE DE CLAUDE-GUY-LOUIS.

OH !

?
?!!!
KAÏÏÏÏÏÏÏÏÏÏÏ
1017A
AOUUU AOUUU !
BEN, OUI, C'EST CAROLINE, ET ALORS ? QU'EST-CE Q...
?!
M'MAN ! P'PA !
TU VOIS ?
QU'Y-A-T'IL ?
C'EST CAROLINE ! ELLE... ELLE EST...
ELLE EST QUOI ?
NOM DE ELLE N'EST PLUS DANS SA CARAPACE !
QUELLE HORREUR !
ALORS ? ON EST CONTRE LE NATURISME DANS CETTE MAISON ?!!?
Roba 1988
1017B

IDÉE : X. DU QUÉBEC.

TRRRiiiiiii
1018A
NON!
NON!
NON!
NONNN!
PAS LE CARTON ROUGE!
NON, P'PA!
NON!
NON!
OUIN!
OUIN
OUIN!
OUIN!
OUIN!
OUIN!
OUIN!
C'EST MALIN! TU VIENS D'EXCLURE LE PROPRIÉTAIRE DU BALLON.
OUIN!
Roba 1988
1018 B

COMBAT DE GLADIATEURS

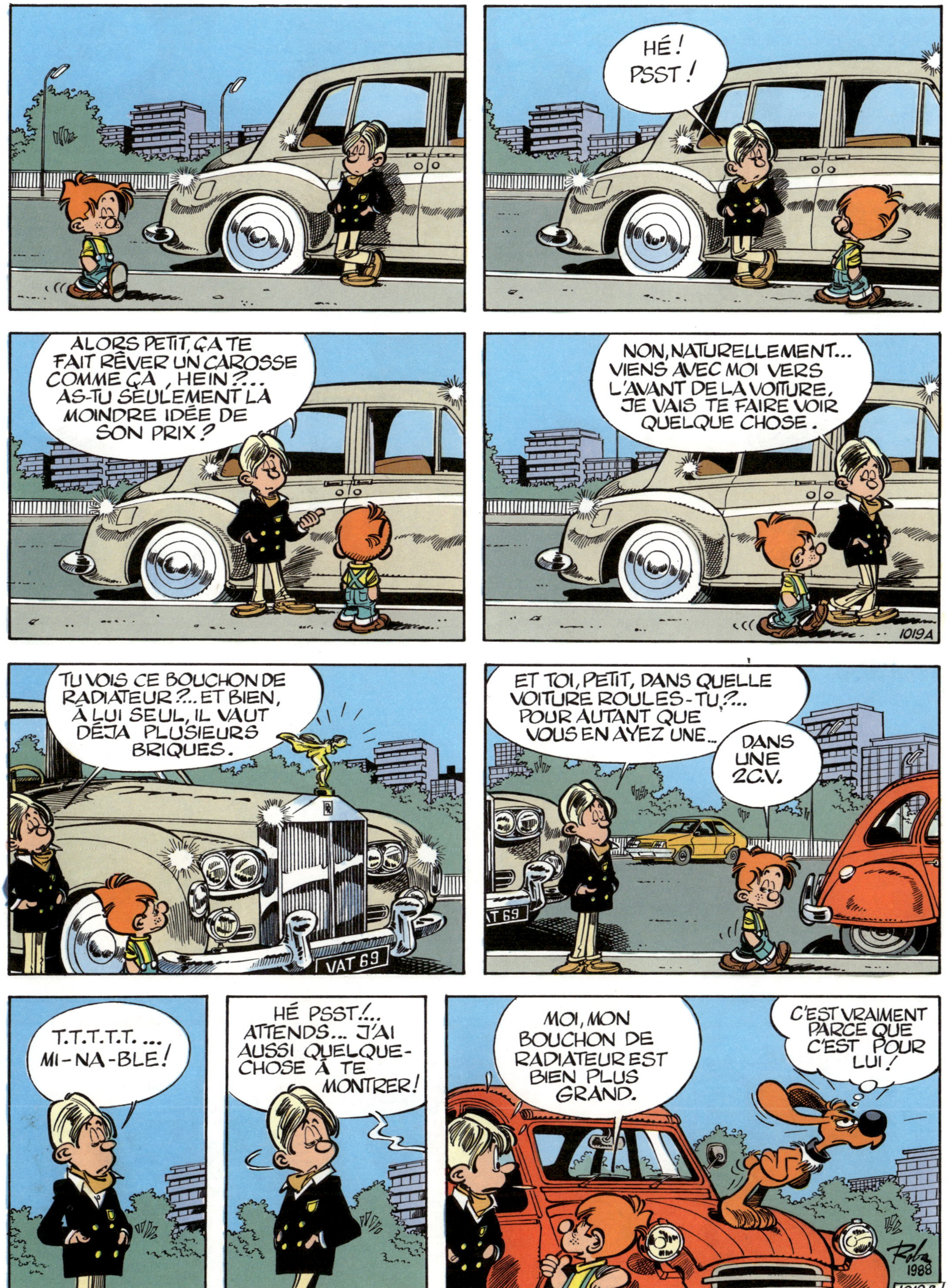
HÉ ! PSST !
ALORS PETIT, ÇA TE FAIT RÊVER UN CAROSSE COMME ÇA , HEIN ?... AS-TU SEULEMENT LA MOINDRE IDÉE DE SON PRIX ?
NON, NATURELLEMENT... VIENS AVEC MOI VERS L'AVANT DE LA VOITURE, JE VAIS TE FAIRE VOIR QUELQUE CHOSE.
1019 A
TU VOIS CE BOUCHON DE RADIATEUR ?... ET BIEN, À LUI SEUL, IL VAUT DÉJÀ PLUSIEURS BRIQUES.
VAT 69
ET TOI, PETIT, DANS QUELLE VOITURE ROULES-TU ?... POUR AUTANT QUE VOUS EN AYEZ UNE...
DANS UNE 2C.V.
VAT 69
T.T.T.T.T. ... MI-NA-BLE !
HÉ PSST !... ATTENDS... J'AI AUSSI QUELQUE-CHOSE À TE MONTRER !
MOI, MON BOUCHON DE RADIATEUR EST BIEN PLUS GRAND.
C'EST VRAIMENT PARCE QUE C'EST POUR LUI !
Roba 1988
1019 B

D'APRÈS UNE IDÉE DE CLAUDE-GUY-LOUIS.

SUPER!

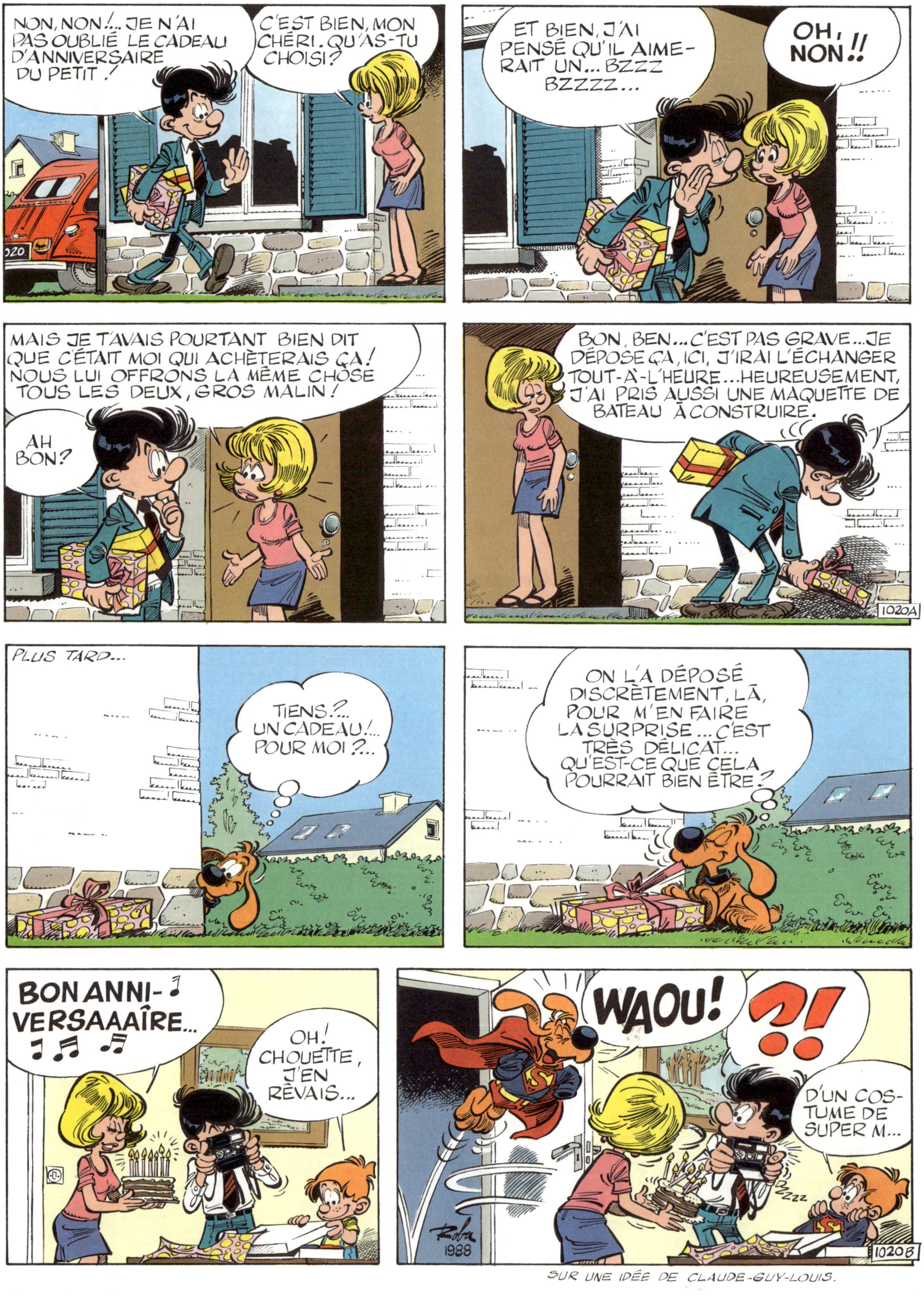
NON, NON !... JE N'AI PAS OUBLIÉ LE CADEAU D'ANNIVERSAIRE DU PETIT !
C'EST BIEN, MON CHÉRI. QU'AS-TU CHOISI ?
ET BIEN, J'AI PENSÉ QU'IL AIMERAIT UN... BZZZ BZZZZ...
OH, NON !!
MAIS JE T'AVAIS POURTANT BIEN DIT QUE C'ÉTAIT MOI QUI ACHÈTERAIS ÇA ! NOUS LUI OFFRONS LA MÊME CHOSE TOUS LES DEUX, GROS MALIN !
AH BON ?
BON, BEN... C'EST PAS GRAVE... JE DÉPOSE ÇA, ICI, J'IRAI L'ÉCHANGER TOUT-À-L'HEURE... HEUREUSEMENT, J'AI PRIS AUSSI UNE MAQUETTE DE BATEAU À CONSTRUIRE.
1020A
PLUS TARD...
TIENS ?.. UN CADEAU !... POUR MOI ?...
ON L'A DÉPOSÉ DISCRÈTEMENT, LÀ, POUR M'EN FAIRE LA SURPRISE... C'EST TRÈS DÉLICAT... QU'EST-CE QUE CELA POURRAIT BIEN ÊTRE ?
BON ANNI- VERSAAAÎRE...
OH ! CHOUETTE, J'EN RÊVAIS...
Roba 1988
WAOU !
?!
D'UN COSTUME DE SUPER M...
ZZZ
1020B

SUR UNE IDÉE DE CLAUDE-GUY-LOUIS.

SOUS LE SIGNE DE LA BALANCE.

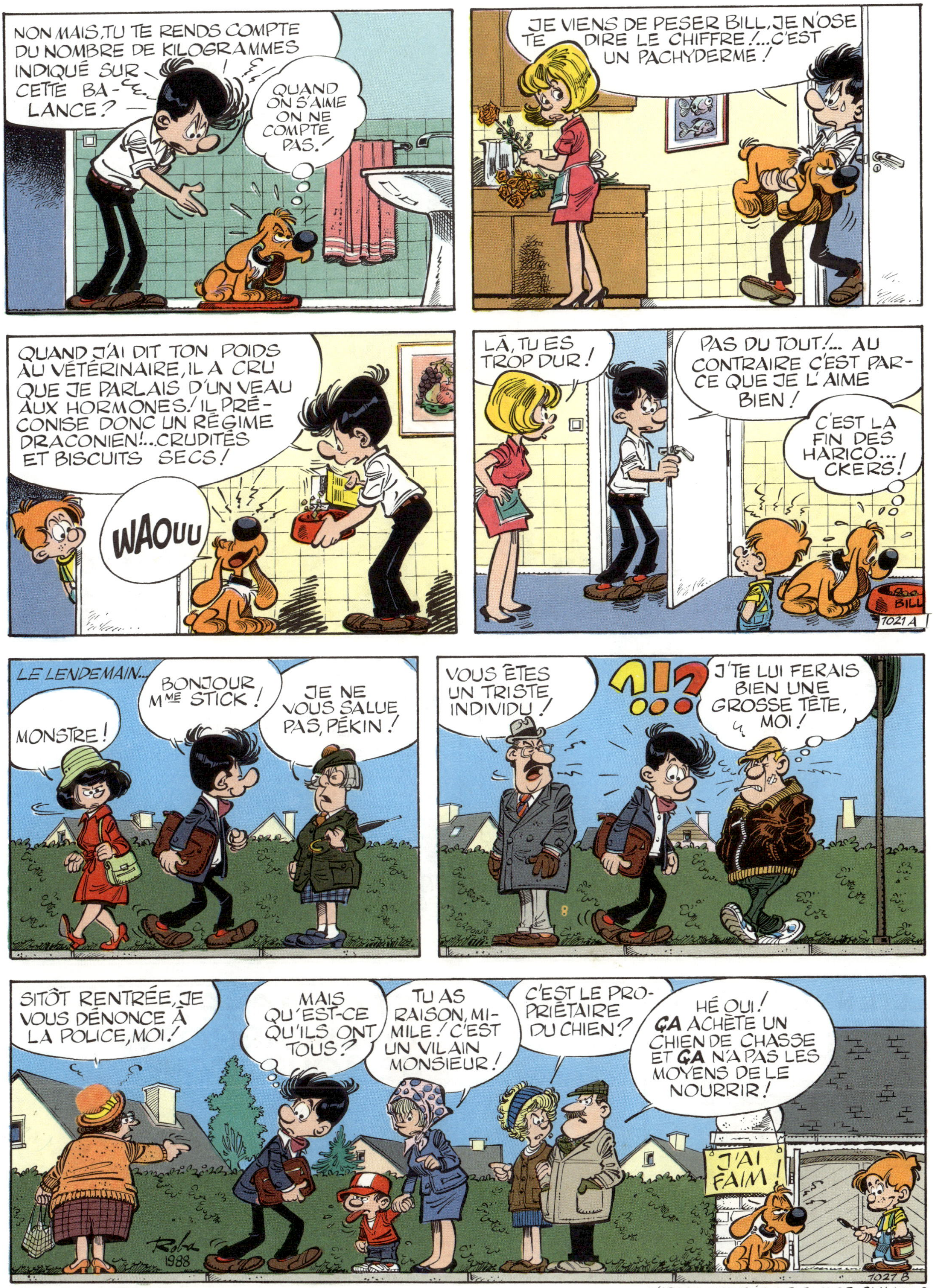
NON MAIS, TU TE RENDS COMPTE DU NOMBRE DE KILOGRAMMES INDIQUÉ SUR CETTE BALANCE?
QUAND ON S'AIME ON NE COMPTE PAS.!
JE VIENS DE PESER BILL, JE N'OSE TE DIRE LE CHIFFRE!... C'EST UN PACHYDERME!
QUAND J'AI DIT TON POIDS AU VÉTÉRINAIRE, IL A CRU QUE JE PARLAIS D'UN VEAU AUX HORMONES! IL PRÉCONISE DONC UN RÉGIME DRACONIEN!... CRUDITÉS ET BISCUITS SECS!
WAOUU
LÀ, TU ES TROP DUR!
PAS DU TOUT!... AU CONTRAIRE C'EST PARCE QUE JE L'AIME BIEN!
C'EST LA FIN DES HARICO... CKERS!
BILL
1021 A
LE LENDEMAIN...
MONSTRE!
BONJOUR Mme STICK!
JE NE VOUS SALUE PAS, PÉKIN!
VOUS ÊTES UN TRISTE INDIVIDU!
?!?
J'TE LUI FERAIS BIEN UNE GROSSE TÊTE, MOI!
SITÔT RENTRÉE, JE VOUS DÉNONCE À LA POLICE, MOI!
MAIS QU'EST-CE QU'ILS ONT TOUS?
TU AS RAISON, MIMILE! C'EST UN VILAIN MONSIEUR!
C'EST LE PROPRIÉTAIRE DU CHIEN?
HÉ OUI! ÇA ACHÈTE UN CHIEN DE CHASSE ET ÇA N'A PAS LES MOYENS DE LE NOURRIR!
J'AI FAIM!
Roba 1988
1021 B

D'APRÈS UNE IDÉE DE CLAUDE-GUY-LOUIS

GRAND NORD

TU VEUX MON AVIS ?
NON.
OUI, BEN, JE TE LE DONNE QUAND MÊME !
JE PENSE QU'IL FAUT ÊTRE COMPLÈTEMENT SIPHONNÉ POUR JOUER À LA CHASSE À L'ÉLAN DU CANADA !
ET CE QUI ME FAIT RÂLER, C'EST QU'IL FAUT ÊTRE ENCORE DEUX FOIS PLUS SIPHONNÉ POUR TE SUIVRE DANS CE JEU IDIOT !
1022 A
DE PLUS, IL FAIT UN FROID DE CANARD !... TU SAIS COMBIEN IL FAIT ?
IL FAIT MOINS 15 ! JE ME GÈLE LES... LES ORTEILS ET...
...ET IL N'Y A PAS PLUS D'ÉLAN, ICI, QUE DE...
...QUE DE...
ET ÇA !? C'EST UN ESCARGOT DE BOURGOGNE ?
Roba 1988
1022 B

Roba